글 하늘땅

그림책을 기획하고 만드는 일을 하고 있습니다.
그동안 만든 책으로는 〈자연이랑〉, 〈심쿵〉, 〈우리아람이〉,
〈과학특공대〉, 〈지식특공대〉 등이 있습니다.
하늘땅은 아이들에게 평생 기억될 수 있는 그림책을 만들기 위해 노력하고 있습니다.

그림 정주현

대학에서 시각디자인을 공부한 뒤 어린이 교육 프로그램을 개발하는 회사에서 일했습니다.
산과 들에서 보낸 어린 시절의 감성을 되살려 따뜻하고 재미있는 그림을 그리려고 노력하고 있답니다.
그린 책으로는 〈거품괴물은 무서워〉, 〈깨비의 요술배꼽〉, 〈설날까지 일곱 밤〉, 〈양심〉 등이 있습니다.

감수 신항균

성균관대학교 대학원 수학과를 졸업했습니다.
공군사관학교와 우석대학교 교수를 역임했고,
미국 애리조나 주립대학교 수학과 교환교수로도 활동한 바 있습니다.
지금은 서울교육대학교 수학교육과 교수로 재직 중이며,
동 대학교 초등수학교육연구소장으로 있습니다.
또한 서울교육대학교 영재교육원 운영위원으로도 활동하고 있습니다.
초등학교와 중학교, 고등학교에 이르기까지 수학교과서 집필책임교수로 활동했고,
저서로는 〈수학사와 수학이야기〉, 〈클릭 수학나라〉, 〈영재들의 1등급 수학교실 시리즈〉가 있습니다.

2단계 스물까지 세기 16

주근깨투성이 삐삐

글 **하늘땅** 그림 **정주현** 감수 **신항균**
펴낸곳 **(주)아람키즈** | 펴낸이 **이소영** | 주소 **서울특별시 성동구 성수이로 147 아이에스비즈타워 2F**
고객센터 **1644-4521** | 팩스 **02-468-5548** | 홈페이지 **www.aramkids.co.kr** | 출판등록 **제2020-000011호**
기획 편집 디자인 **(주)아람키즈 하늘땅**
ISBN **979-11-6543-557-8 979-11-6543-509-7(세트)**

- 눈을 편안하게 해 주는 친환경 식물성 원료인 콩기름 잉크로 인쇄하였습니다.

⚠ 책 모서리가 날카로워 다칠 수 있으니 사람을 향해 던지거나 떨어뜨리지 마십시오.
⚠ 종이에 베이거나 긁힐 수 있으므로 주의해 주십시오.

주근깨투성이 삐삐

글 하늘땅 · 그림 정주현 · 감수 신항균

아람키즈

꼬마 마녀 삐삐는 주근깨투성이예요.
이는 잔뜩 썩어 있고요.
얼마나 안 씻었는지 손톱, 발톱에 까맣게 때가 끼어 있지요.

"삐삐야, 도대체 언제 씻을 거니?"

엄마가 아무리 ***잔소리**를 해도 삐삐는 듣지 않아요.

어느 날 아랫마을에 제니스라는
멋진 꼬마 마법사가 이사 왔어요.
반짝반짝 빛나는 머리카락, 잘생긴 얼굴에
눈썹은 초승달처럼 고운 마법사였지요.
삐삐는 제니스를 볼 때마다 가슴이 쿵쾅거렸어요.

"이런 모습으로는 안 되겠어.
마법 축제가 바로 코앞인데."

삐삐는 비누칠을 하고는
온몸을 벅벅 문질렀어요.
하지만 오랫동안 씻지 않아서
*때가 잘 지워지지 않았어요.

삐삐는 할머니의 창고를 뒤져

예뻐지는 마법이 담긴 책도 찾아냈어요.

◆주근깨 없애기 마법

주근깨의 수를 모두 센 뒤,

"요술부리 마술부리 마수리 술술!

주근깨는 모두 없어져라!"

하고 주문을 외운다.

하지만 이 마법은 단 한 번밖에 쓸 수 없다.

“여기 있다! ***주근깨** 없애기 마법!”

그런데 책을 읽던 삐삐의 얼굴이 하얗게 질렸어요.

삐삐는 열까지밖에 세지 못하거든요.

삐삐는 심술쟁이 까마귀를 슬쩍 보며 말했어요.

“어디 보자. 내 얼굴의 주근깨가

하나, 둘, 셋, 넷, 다섯, 여섯, 일곱, 여덟, 아홉, 열.
열 다음이 뭐더라?”

“하하, 그것도 몰라?”

“똑똑한 까마귀야, 한 번만 가르쳐 줘.”

“내가 왜?”

“***치사하다**, 치사해! 그럼 열 개만 없애면 되지, 뭐!”

삐삐는 주근깨를 모두 없앨 수 없어서 아쉬웠지만
어쩔 수 없이 주문을 외웠지요.

"하나, 둘, 셋, 넷, 다섯, 여섯, 일곱, 여덟, 아홉, 열.
요술부리 마술부리 마수리 술술!
주근깨는 모두 없어져라!"

주근깨 열 개는 ***감쪽같이** 사라졌지만
아직도 네 개가 남아 있었어요.

"우헤헤헤, 바보!
열 다음은 **열하나**, **열둘**, **열셋**, **열넷**이지, 까악!"

◆ 썩은 이 없애기 마법

썩은 이의 수를 모두 센 뒤,

"마수리수리 수리당당!

마수리수리 깨끗하게 변해라!"

썩은 이는 모두 깨끗하게 변해라!"

하고 주문을 외운다.

하지만 이 마법도 단 한 번밖에 쓸 수 없다.

이번에는 썩은 이 없애기 마법을 찾아냈어요.

"내 썩은 이를 세어 볼까?

하나, 둘, 셋, 넷, 다섯, 여섯, 일곱, 여덟, 아홉, 열, 열하나,
열둘, 열셋, 열넷.
그다음이 뭐더라?"

삐삐는 또 심술쟁이 까마귀를 바라보았어요.

"절대로 안 가르쳐 주지!"

"너 정말 그럴래?"

삐삐는 어쩔 수 없이 주문을 외웠어요.

"하나, 둘, 셋, 넷, 다섯, 여섯, 일곱, 여덟, 아홉, 열, 열하나, 열둘, 열셋, 열넷.

마수리수리 수리당당!

썩은 이는 모두 깨끗하게 변해라!"

썩은 이 열네 개는 사라졌지만
아직도 세 개가 남아 있었지요.

“치이, 이게 뭐야?”

“열넷 다음은 **열다섯**, **열여섯**, **열일곱**이지, 까악!”
까마귀가 잘난 척하며 말했어요.

◆손톱, 발톱의 검은 때 없애기 마법

지팡이로 손과 발을 두드린 뒤,
때가 낀 손톱과 발톱의 수를 모두 센다.
"부리부리 수리수리!
검은 때는 모두 사라져라!"
하고 주문을 외운다.
하지만 이 마법도 단 한 번밖에 쓸 수 없다.

마지막으로 손톱, 발톱의 검은 때 없애기 마법이 남았어요.

"어쩌지? 이번에도 잘못하면 마법 축제에 못 갈 텐데…….

하나, 둘, 셋, 넷, 다섯, 여섯, 일곱, 여덟, 아홉, 열,
열하나, 열둘, 열셋, 열넷, 열다섯, 열여섯, 열일곱……."

갑자기 삐삐의 눈에서 눈물이 뚝뚝 떨어졌어요.

까마귀는 깜짝 놀라 얼른 알려 주었어요.

"열일곱 다음은 **열여덟, 열아홉, 스물**이지."

삐삐는 뛸 듯이 기뻤어요.

지팡이로 손과 발을 두드린 뒤,

"하나, 둘, 셋, 넷, 다섯, 여섯, 일곱, 여덟, 아홉, 열,

열하나, 열둘, 열셋, 열넷, 열다섯, 열여섯, 열일곱, 열여덟, 열아홉, 스물.

부리부리 수리수리! 검은 때는 모두 사라져라!"

큰 소리로 외쳤더니 손톱과 발톱이 ***뽀얗게** 변했어요.

드디어 마법 축제가 열리는 날이 되었어요.
얼굴에 커다란 주근깨가 네 개나 있는 삐삐는
썩은 이가 보일까 봐 입을 *__앙다문__ 채 앉아 있었어요.
깨끗이 씻고 머리를 빗은 삐삐는 몰라보게 예뻤어요.
삐삐에게 손을 내민 건 다름 아닌 제니스였지요.
"나랑 춤추지 않을래?"
삐삐는 가슴이 *__콩닥거렸어요__.

삐삐가 제니스의 손을 잡았어요.
그런데 제니스의 손톱에 때가 *꼬질꼬질하게 끼어 있는 거예요.
말할 때마다 입 냄새가 폴폴 풍겼고요.
아마 한 달은 이를 닦지 않은 모양이었어요.
삐삐는 제니스의 손을 놓고 이렇게 말했어요.
그것도 썩은 이 세 개를 보이면서 말이에요.
"제니스, 너한테 *실망했어.
다음에 나랑 춤을 추려거든 이도 손도 깨끗이 닦고 와."

엄마가 보기

스물까지 세어 보아요

열이 넘는 수를 세려면, **열을 한 묶음으로 만들고 나머지를 하나부터 다시 세면** 됩니다. 열이 한 묶음에 나머지가 하나면 '열하나', 열이 한 묶음에 나머지가 둘이면 '열둘'이 되겠지요. 이러한 방법으로 자연스럽게 하나부터 스물까지 세는 법을 익힐 수 있습니다.

두 자리 수를 숫자로 나타내는 방법도 간단히 알아보기로 합니다. 10은 1과 0, 두 자리 수로 나타냅니다. 여기서 1은 하나를 뜻하는 게 아니라, 열 개를 묶어서 한 덩어리라고 표시했다는 것을 아이에게 설명해 주세요. 바둑알이나 블록 등을 모아 놓고 열 개를 한쪽에 모아 둔 뒤 나머지를 하나하나 더해 가며, '11, 12, 13, 14, 15, 16, 17, 18, 19, 20' 이라고 세어 보면 효과적인 학습이 될 것입니다.

아이가 보기

삐삐의 썩은 이를 세어 보아요

썩은 이가

하나, 둘, 셋, 넷, 다섯, 여섯, 일곱, 여덟, 아홉, 열,

열하나, 열둘, 열셋, 열넷, 열다섯, 열여섯, 열일곱.

아이와 함께 하기

함께 해 보아요

삐삐가 파티장에 쓰고 갈 모자와 구두를 고르고 있어요.
삐삐의 모자와 구두를 세어 보고, 알맞은 말에 ○ 해 보아요.

- 삐삐의 모자 개수는 (열넷 | 열다섯) 이고,

  삐삐의 구두 개수는 (열아홉 | 스물) 이에요.

파티장에 맛있는 쿠키와 아이스크림이 있어요.
쿠키와 아이스크림의 수를 세어 보고, 알맞은 말에 ◯ 해 보아요.

- 쿠키의 개수는 (열여섯 | 열일곱) 이고,

  아이스크림의 개수는 (열여덟 | 열아홉) 이에요.